PRÉFECTURE

DU DÉPARTEMENT DE LA SEINE.

EXTRAIT

DU REGISTRE DES PROCÈS-VERBAUX DES SÉANCES
DU CONSEIL MUNICIPAL DE LA VILLE DE PARIS

Séance du 22 Avril 1836.

Présents : MM. ARAGO, BOULAY (de la Meurthe), BOUVATTIER, CAMBACÉRÈS, FERRON, GALIS, GATTEAUX, AUBÉ, BEAU, COCHIN, GANNERON, GIRARD, GRILLON, HÉRARD, HUSSON, JOUET, LAFAULOTTE, LAFFITTE, LAHURE, LAMBERT SAINTE-CROIX, LANQUETIN, LAVOCAT, LE BEAU, LEHON, MARCELLOT, MICHAU, MOREAU, ORFILA, PARQUIN, PÉRIER, PERRET, PRESCHEZ, TAYER et VINCENT.

LE CONSEIL,

Vu le cahier de charges approuvé par ordonnance royale du 23 décembre 1829 pour la mise en adjudication de l'entreprise générale de la distribution des eaux dans Paris, ladite adjudication ayant été depuis tentée sans résultat;

Vu la délibération du 19 avril 1833, par laquelle le Conseil municipal a été d'avis que la ville de Paris conservât exclusivement le soin de distribuer les eaux de l'Ourcq et des sources dans la capitale; et, pour parvenir à l'exécution de ce nouveau système, a soumis à M. le Préfet de la Seine un cahier d'indications contenant les bases principales d'un nouveau cahier de charges;

Vu la délibération du 28 février 1834, par laquelle le Conseil municipal a approuvé le nouveau cahier de charges pour cette entreprise, et fixé une redevance au profit de la ville pour l'abandon qu'elle ferait de son service des eaux de Seine;

Vu le mémoire du 12 novembre 1835, par lequel M. le Préfet de la Seine fait connaître au Conseil que ce cahier de charges, transmis à M. le ministre de l'intérieur, a été examiné par le Conseil général des ponts et chaussées, qui a proposé quelques modifications sur lesquelles M. le ministre a demandé que le Conseil municipal fût appelé à délibérer;

Vu la lettre de M. le ministre de l'intérieur, en date du 14 février 1835, ensemble les observations de l'administration des ponts et chaussées et les changements qu'elle propose audit cahier de charges;

Vu le mémoire du 18 février dernier par lequel M. le Préfet de la Seine communique au Conseil un projet de traité souscrit par MM. Lees et compagnie;

Vu le projet de traité dont il s'agit, modifié par suite de la discussion à laquelle s'est livré le Conseil municipal, tant dans ses séances des 5, 8, 12, 15, 19 de ce mois, que dans celle de ce jour;

Considérant que l'acceptation de ce traité réalisera une entreprise dont l'administration municipale s'occupe depuis longtemps;

Considérant que si la ville renonce à la redevance qui était exigée par les anciens projets de cahier de charges, elle garde son service des eaux de Seine qui en est l'équivalent;

Considérant que l'administration en conservant à la ville

son service des eaux de Seine la préserve de toutes les chances de cette vaste entreprise ;

Ouï le rapport de sa Commission,

Le Conseil délibère ce qui suit :

1° M. le Préfet de la Seine est autorisé à traiter, au nom de la ville de Paris, avec le sieur Lees ou avec la compagnie qu'il aurait constituée, pour la distribution, dans Paris, des eaux de Seine filtrées, aux conditions stipulées dans le projet ci-après transcrit.

2° Le sieur Lees devra, préalablement à la signature de tout traité, justifier d'un dépôt de garantie de deux millions, versés à la caisse municipale. Ce dépôt pourra être réalisé, soit en numéraire, soit en inscription de cent mille francs de rentes sur l'État au porteur, ou transférées au nom de la ville, soit enfin en deux mille obligations de la ville de Paris.

Il est bien entendu que si le cautionnement est versé en numéraire, il ne sera pas productif d'intérêts tant qu'il restera dans la caisse municipale.

3° Ce traité ne sera définitif qu'après l'obtention de la sanction législative.

4° Aussitôt que cette sanction sera obtenue, le dépôt de garantie fourni par le sieur Lees formera le cautionnement définitif stipulé dans l'article 20 du projet.

5° Dans le cas où cette sanction serait refusée, ledit dépôt de garantie sera restitué purement et simplement au sieur Lees.

6° En considération de l'utilité publique de l'entreprise dont il s'agit et des avantages qui doivent en résulter pour la capitale, le Conseil émet le vœu que le présent traité soit assimilé à ceux qui ont pour objet les travaux de l'État, et que, par conséquent, il soit enregistré moyennant un droit fixe.

Signé au Registre :

GANNERON, *Vice-Président;* HÉRARD, *Secrétaire.*

Pour extrait conforme :
Le Maître des requêtes, Secrétaire général,
Signé L. DE JUSSIEU.

VILLE DE PARIS.

TRAITÉ

POUR LA DISTRIBUTION

DES EAUX DE SEINE

DANS PARIS.

(Délibération du Conseil municipal du 22 Avril 1836.)

ARTICLE PREMIER.

M. le préfet de la Seine, stipulant pour la ville de Paris, concède par ces présentes, à titre de bail, à M.   , ce acceptant pour lui ou pour une compagnie anonyme, qu'il se réserve de constituer, le droit d'élever, de distribuer et de vendre, soit directement dans les maisons, soit à des fontaines marchandes les eaux de la Seine dans l'enceinte actuelle de Paris pour le temps, aux charges, clauses et conditions, et avec les réserves énoncées aux articles ci-après.

ART. 2.

Cette concession consiste :

1° Dans le droit tel qu'il résulte pour la ville d'une ordonnance royale du 23 décembre 1829, de prendre et d'élever des eaux de la Seine, pour les distribuer dans l'intérieur de la ville ;

2° Dans le droit de poser sous toutes les voies publiques de Paris les tuyaux et conduites nécessaires à la distribution desdites eaux.

La ville s'engage à ne conférer à qui que ce soit, pendant la durée de la concession, le droit de placer sous les voies publiques appartenant à la ville et situées dans l'enceinte actuelle de Paris, des conduites pour la distribution et la vente des eaux de Seine.

Toutefois, elle se réserve la faculté de supprimer ou de maintenir dans leurs dimensions actuelles les conduites existantes au profit d'établissements déjà créés.

ART. 3.

Les fontaines marchandes que pourra créer le concessionnaire devront être ouvertes à tous les acheteurs.

Elles ne pourront être établies sur la voie publique; elles devront être placées dans l'intérieur des propriétés particulières, et disposées de manière à rendre facile le service des porteurs d'eau, sans gêner ni embarrasser la circulation du public.

Le choix des emplacements sera soumis à l'approbation de l'administration, après une enquête *de commodo et incommodo*, sur laquelle le conseil municipal donnera son avis.

Le concessionnaire pourra se pourvoir contre les décisions de l'administration, dans les formes prescrites à l'égard des établissements incommodes et insalubres de 3ᵉ classe.

Il aura la faculté de distribuer et vendre les eaux provenant de ces fontaines, en les faisant porter à domicile, ou en les livrant sur place.

ART. 4.

La ville de Paris se réserve expressément, comme ne faisant pas partie de la concession, son service des eaux de Seine, dont le volume moyen s'élève à environ quatre cents pouces. Elle en disposera à son gré pour le service des palais royaux, des établissements publics et des concessions auxquelles elle peut être tenue ; pour la vente aux fontaines marchandes ou par abonnement, et enfin pour l'alimentation des fontaines publiques, sans toutefois que la quantité d'eau à distribuer gratuitement dans ces dernières fontaines puisse excéder les cent quarante pouces environ qui y coulent maintenant, et sans que la quantité d'eau de Seine vendue puisse jamais excéder trois cents pouces.

La ville se réserve encore le droit d'augmenter indéfiniment le volume d'eau de Seine qu'elle élève aujourd'hui, mais à la condition de consacrer exclusivement aux services de salubrité et de propreté, et à celui des hospices, des hôpitaux, des prisons, des casernes, des colléges et autres établissements publics tout ce qui excéderait les quatre cents pouces dont il vient d'être parlé.

En conséquence, la ville conserve la faculté de modifier, d'améliorer, et de changer son système d'élévation et de distribution des eaux de Seine, de maintenir ou de déplacer ses prises d'eau, d'en augmenter le nombre et de les reporter jusqu'à la hauteur du pont du Jardin du Roi, comme aussi d'établir tout système de filtration ou de clarification qu'elle jugera convenable, tant pour lesdites eaux que pour celles désignées en l'article 5 ci-après.

ART. 5.

La ville se réserve en outre, et sans aucune limite ni restriction, la libre disposition de toutes les eaux que peuvent et pourront produire les sources d'Arcueil, de Belleville, des prés Saint-Gervais et le canal de l'Ourcq.

Elle pourra augmenter le volume de ces eaux par tous les travaux et ouvrages qu'elle jugera convenables, soit en recherchant et dérivant de nouvelles sources et cours d'eau, soit de toute autre façon.

Elle aura également le droit de creuser des puits artésiens partout où elle le voudra.

Elle distribuera ces eaux à son gré dans toute la ville, soit gratuitement, soit pour les services publics, soit pour les vendre aux fontaines marchandes existantes et à celles qu'il lui conviendrait d'établir, ou par abonnement dans les propriétés particulières.

ART. 6.

Dans le cas où, à une époque quelconque de la concession, la ville renoncerait à vendre les eaux de la Seine, le concessionnaire sera tenu de faire immédiatement et gratuitement en eau de Seine le haut et le bas service des palais et jardins royaux, des autres établissements publics de l'État, des préfectures, des mairies, des hospices, des maisons de charité, d'instruction publique, et des autres établissements de la ville et du département, soit civils, soit militaires, excepté les halles et marchés, sans toutefois que le volume de ces fournitures puisse excéder cent pouces, et sans que le concessionnaire puisse, en raison de la présente clause, être obligé à conduire ses eaux à une hauteur où leur pression naturelle ne pourrait les porter en partant des réservoirs les plus élevés.

Le concessionnaire sera tenu d'amener ses conduites dans toutes les rues, places, etc. où seront situés ces établissements publics, et sur les points qui seront alors affectés au branchement de distribution de leurs services : mais les dépenses afférentes à ces branchements et au service intérieur des établissements ne seront en aucun cas à la charge du concessionnaire.

Le concessionnaire fait réserve de tous ses droits contre tous individus non habitants de ces établissements, et qui viendraient y puiser de l'eau pour un service étranger.

ART. 7.

Dans le cas prévu par l'article 6, le concessionnaire sera encore tenu de satisfaire gratuitement à toutes les concessions particulières gratuites auxquelles la ville pourrait, à cette époque, être tenue elle-même, en vertu d'anciens titres, sous la condition néanmoins que le volume des eaux à fournir ainsi par la compagnie n'excédera pas trente pouces.

Il est bien entendu qu'au moyen des réserves faites par la ville dans les articles 4 et 5 du présent traité, et que, sauf les exceptions exprimées aux articles 6 et 7 ci-dessus, et sauf enfin les exceptions exprimées en l'article 19 ci-après, le service obligé du concessionnaire ne s'étendra pas au delà de l'obligation de concourir avec la ville à l'alimentation des besoins de la consommation personnelle, domestique et industrielle des habitants de Paris, et qu'ainsi tout service qui serait à faire dans l'unique intérêt de l'assainissement de la capitale ne concernera pas ledit concessionnaire.

ART. 8.

La prise d'eau ne devra être faite que dans la Seine en amont de Paris, au-dessus du confluent de la Marne.

Il ne sera ultérieurement accordé aucune permission d'établir sur les rives de la Seine, si ce n'est à la distance de trois cents mètres au moins au-dessus desdites prises d'eau, aucun port ni lieu de débarquement de marchandises, de déchirage de trains ou de gros bateaux, ni aucun établissement, égout ou déversoir quelconque, qui pourraient troubler ou corrompre l'eau.

Dans le cas où tout ou partie de ces interdictions donnerait lieu à des réclamations en indemnités, le concessionnaire s'en défendra à ses risques et périls.

ART. 9.

La durée de la concession est fixée à cent dix ans, qui commenceront à courir du jour où le présent traité aura été sanctionné par l'autorité législative.

ART. 10.

Avant l'ouverture des travaux dans l'intérieur de Paris, et dans le délai de six mois au plus, à partir de la sanction législative, le concessionnaire soumettra à l'examen et à l'approbation de l'administration municipale:

1° Un état général du volume d'eau à distribuer dans chacun des quarante-huit quartiers de Paris, d'après les besoins relatifs de la consommation personnelle, domestique et industrielle des habitants de chaque quartier;

2° Un plan général de distribution desdites eaux.

Cet examen n'aura pour objet que de reconnaître si l'état de répartition et si les dimensions et la disposition des conduites principales combinées avec la pression satisfont aux besoins respectifs des divers quartiers de la capitale.

L'état du volume d'eau et le plan de distribution seront soumis à l'approbation du conseil municipal.

La décision de l'administration municipale devra intervenir dans les trois mois qui suivront la remise, par la compagnie, de l'état et du plan ci-dessus indiqués.

ART. 11.

Le concessionnaire sera tenu d'exécuter au plus tard dans l'espace de sept années, à partir de la sanction législative, tous les travaux de quelque nature qu'ils soient, qui seraient nécessaires pour l'élévation et la distribution de quinze cents pouces d'eau au moins (chaque pouce d'eau équivalant à 19,195 litres par 24 heures).

Il devra établir dans le même délai et maintenir sous toutes les voies publiques existantes, et successivement sous toutes celles qui seront ouvertes dans l'enceinte actuelle de Paris, des tuyaux conducteurs et distributeurs, de tels diamètres et dimensions qu'ils puissent fournir chaque jour dans l'ensemble des quarante-huit quartiers de Paris, et conformément aux dispositions qui auront été arrêtées en exécution de l'article 10, un volume d'eau de quinze cents pouces au moins.

A l'expiration de ce délai de sept années, le concessionnaire sera tenu de satisfaire à toutes les demandes d'abonnement d'eau qui lui seront faites par les habitants de Paris.

Toutefois, l'administration pourra accorder au concessionnaire la faculté d'ajourner temporairement la pose des tuyaux dans les rues peu ou point habitées.

Cette faculté sera révocable à la volonté de l'administration.

Elle sera révoquée de droit toutes les fois que les habitants d'une de ces rues exceptionnelles réclameront de l'eau et pourront réaliser des abonnements stipulés au moins pour cinq ans, et offrant l'intérêt à cinq pour cent du montant de la dépense nécessaire pour prendre l'eau sur le point le plus voisin et la conduire dans ladite rue.

ART. 12.

Tout le matériel des travaux, au fur et à mesure de leur exécution, appartiendra comme immeuble à la ville de Paris, la jouissance et l'exploitation en étant réservées au concessionnaire, conformément aux dispositions du présent traité.

ART. 13.

Tous les tuyaux seront en fonte ou en plomb et d'un diamètre suffisant pour satisfaire à leur destination. Avant de les employer, ces tuyaux seront soumis à une épreuve de dix atmosphères de pression en présence des ingénieurs de la ville et aux frais du concessionnaire.

ART. 14.

Au fur et à mesure du placement de chaque ligne de conduite, il sera tenu attachement contradictoire du diamètre intérieur, de l'épaisseur, du poids et du développement des tuyaux qui la composeront; l'emplacement de ces conduites en général sera tracé et coté sur un plan de la ville dressé à l'échelle de $\frac{1}{2000}$.

Les feuilles d'attachement et le plan seront dressés en double expédition, aux frais de l'entreprise; l'une restera déposée au bureau de la ville, l'autre sera remise au concessionnaire.

La réception définitive des travaux aura lieu aussitôt après l'établissement des conduites qui devront être posées en exécution de l'article 11, sauf les réserves reconnues dans le même article; et lorsque le concessionnaire aura conduit dans chacun des quarante-huit quartiers de Paris, le volume d'eau qui aura été déterminé par l'adoption de l'état général mentionné en l'article 10.

La décision de l'administration sur cette réception devra intervenir dans les six mois qui suivront l'avis du concessionnaire annonçant que tous les travaux sont terminés.

ART. 15.

Le concessionnaire aura la faculté de diviser la distribution des eaux en bas et haut service.

Le bas service est obligatoire. Il consistera à fournir l'eau sur tous les points de la ville, à 3 mètres au-dessus du sol de la voie publique au droit de la propriété.

A l'égard de ce bas service, le concessionnaire, à mesure de l'exécution des travaux dans chaque quartier et dans chaque rue, sera tenu de satisfaire à chaque demande d'abonnement qui lui sera faite lorsque le volume d'eau demandé s'élèvera au moins à 5 hectolitres par vingt-quatre heures et par maison.

Le maximum du prix annuel de ces eaux ne pourra excéder 7,000 francs le pouce, soit que la distribution ait lieu dans les maisons, soit qu'elle se fasse aux fontaines marchandes.

Le haut service portera l'eau à des hauteurs excédant 3 mètres. Ce service sera seulement facultatif pour le concessionnaire. Le prix en sera déterminé de gré à gré.

ART. 16.

Le concessionnaire s'engage à ne distribuer que de l'eau filtrée ; mais le choix des moyens à employer pour l'élévation et le filtrage des eaux, qui se fera sur place, lui appartiendra entièrement.

Il sera tenu toutefois :

1° De pourvoir, dans l'établissement des machines, aux moyens d'assurer le service d'une manière permanente, même en cas d'avaries et de réparation d'une partie quelconque desdites machines ;

2° D'établir des bassins-réservoirs d'une capacité au moins équivalente au volume total des eaux à distribuer en trois jours ;

3° De placer le bord inférieur de l'orifice des tuyaux de conduite par lequel l'eau s'échappera de ces bassins, à deux mètres au moins au-dessus du niveau du point le plus élevé de la place de l'Estrapade. Ces bassins devront être rendus étanches et seront munis d'un tuyau de décharge de fond pour permettre le nettoyement toutes les fois que des motifs de salubrité le rendront nécessaire ;

4° De pourvoir à la conduite des eaux depuis lesdits bassins jusqu'à l'entrée de Paris, par deux tuyaux de dimensions égales et suffisantes pour faire chacun la moitié du service.

ART. 17.

Le concessionnaire rétablira immédiatement à ses propres frais, par un pavage régulier suivant le mode adopté maintenant ou qui le serait ultérieurement par l'administration, et non par un blocage, et entretiendra, jusqu'à réception définitive, le pavé de la voie publique partout où il aura fait des tranchées pour le placement ou l'entretien des tuyaux de conduite ou pour d'autres travaux.

La réception du pavé ne pourra être faite qu'après un relevé à bout exécuté en saison convenable, et à six mois au moins du premier pavage.

Le concessionnaire devra employer exclusivement les entrepreneurs publics du pavé, qui, moyennant le prix de leur marché, seront obligés d'exécuter ces travaux aux clauses et conditions des baux d'entretien du pavé faits et à faire.

ART. 18.

Tous les ouvrages d'art, les constructions, les machines, les conduites et toutes les dépendances de l'entreprise sans exception seront toujours entretenus en bon état par le concessionnaire, à ses frais ou par ses ayants droit, jusqu'à la fin de la concession.

Tous les travaux d'amélioration et de perfectionnement, de quelque nature qu'ils soient, seront pareillement aux frais de l'entreprise.

ART. 19.

Le concessionnaire s'engage à mettre gratuitement à la disposition de la ville de Paris dix pouces de son eau filtrée. Cette eau est destinée à alimenter un certain nombre de fontaines que l'administration municipale fera établir à ses frais dans les quartier pauvres et populeux ; dans ceux particulièrement où l'eau de Lourcq ne peut pas arriver. Chacun (les porteurs d'eau à tonneau ou à bretelle exceptés) sera admis à aller puisser gratuitement aux fontaines dont il vient d'être fait mention.

Ces dix pouces d'eau seront pris sur les conduites du concessionnaire aux points que l'administration désignera.

Le concessionnaire ne pourra réclamer aucune indemnité pour les eaux provenant de ses fontaines, qui seraient employées à l'extinction des incendies et en outre dans tous lieux où les eaux de l'Ourcq ne peuvent pas parvenir naturellement ; il devra faire les dispositions nécessaires de prises d'eau sur ses conduites pour que les eaux puissent, en cas de besoin, être appliquées à cette extinction.

ART. 20.

Le dépôt provisoire de 2 millions fournis par le concessionnaire conformément à la délibération du conseil, pour la garantie du présent traité, sera converti en cautionnement définitif par le seul fait de la sanction législative et versé immédiatement à la caisse des dépôts et consignations.

Le concessionnaire jouira des intérêts que produiront les valeurs qu'il aura déposées en cautionnement.

Ce cautionnement sera restitué aux époques et conditions suivantes, savoir :

1° Un premier quart lorsque le concessionnaire aura exécuté tous les travaux composant le système de prise, d'élévation et de filtration d'eau; qu'il aura amené, à l'aide de ce système, l'eau de la Seine sur la place de l'Estrapade, et justifié du payement régulier, tant du prix de tous les immeubles acquis conformément à l'article 21 ci-après, que des fournitures qui lui auront été faites pour l'exécution desdits travaux.

2° Et les trois autres quarts successivement, au fur et à mesure de l'achèvement dûment constaté des travaux de distribution dans Paris.

A cet effet, lors de la présentation du plan général de distribution desdites eaux conformément à l'article 10, il sera fait entre la ville et le concessionnaire un partage ou ventilation, en trois sections égales, des travaux à faire pour cette distribution; et à mesure de l'achèvement de l'une de ces sections, un quart correspondant du cautionnement sera restitué.

Ces derniers remboursements n'auront également lieu que sur la justification du payement des fournitures qui auront été faites au concessionnaire pour l'exécution des travaux de chacune des sections ci-dessus.

ART. 21.

Sauf à faire au besoin déclarer l'utilité publique conformément à la loi, le concessionnaire choisira les emplacements nécessaires pour l'établissement des prises d'eau en amont de Paris, ainsi que des machines, des réservoirs et des conduites, soit *intra,* soit *extra muros.*

Les emplacements, sauf ceux destinés aux fontaines marchandes, devront être achetés et non loués, ils ne

pourront être affectés à aucun usage étranger au service des eaux.

Toutes les propriétés nécessaires pour ces diverses parties de l'entreprise seront acquises à la diligence et aux frais, risques et périls du concessionnaire, sans aucune contribution de la part de la ville.

Les acquisitions seront cependant faites en pleine propriété, au nom et au profit de la ville, sous l'acceptation de M. le préfet de la Seine; toutefois la jouissance de ces propriétés est réservée, à titre de bail, au concessionnaire, pour l'exploitation de la concession qui fait l'objet du présent traité.

Dans l'année des acquisitions, tous les immeubles devront être libérés, soit par payement ou consignation des prix, de toutes dettes, hypothèques et actions résolutoires.

A défaut de payement dans le délai ci-dessus fixé, l'administration municipale pourra prélever, sur le cautionnement du concessionnaire, les sommes nécessaires à sa libération intégrale; ledit concessionnaire sera alors tenu de rétablir son cautionnement dans son intégralité.

Faute par lui de remplir cette obligation dans le mois de sa mise en demeure, il encourra la déchéance.

Dans le cas où, pour traiter avec quelques propriétaires des terrains nécessaires au service de l'entreprise, le concessionnaire serait obligé de consentir à quelques concessions d'eau, il pourra le faire, mais seulement aux conditions suivantes : 1° que ces concessions réunies n'excéderont pas un volume total de douze pouces; 2° que leur durée n'excédera pas les cent dix années de jouissance accordées par le présent traité, de telle manière qu'à l'expiration de cette jouissance la propriété de la ville soit affranchie de toutes charges et servitudes d'eau ; 3° qu'elles seront annulées de plein droit aussitôt que la ville, après avoir repris le service, à quelque époque et pour quelque cause que ce soit, viendrait à renoncer à l'usage des immeubles dont l'acquisition aurait motivé la concession.

La présente clause sera textuellement rapportée dans tous les contrats d'acquisition.

Pendant vingt ans seulement, à partir de la date de la loi qui aura ratifié le présent traité, le concessionnaire pourra, sans qu'il soit besoin du consentement de la ville, apporter à son système de prise, d'élévation et de filtration d'eau, tous les changements et toutes les améliorations que l'expérience lui aurait fait reconnaître comme nécessaires ou comme utiles.

Si, dans ce cas, quelque partie des terrains acquis au nom de la ville devenait inutile aux besoins du service, la ville renoncerait en faveur du concessionnaire et sans indemnité à son droit de propriété sur lesdits terrains ; et, à cet effet, elle consentirait tous les actes nécessaires à la rétrocession ou à la revente de ces immeubles.

Il est bien entendu que les nouvelles acquisitions que nécessiteraient ces changements seront faites comme les précédentes, au nom et au profit de la ville de Paris, et toujours aux frais du concessionnaire.

ART. 22.

Pour l'exécution de tous les travaux et pour l'exploitation de l'entreprise, le concessionnaire devra se conformer à tous les règlements d'administration et de police faits et à faire.

Il sera également tenu de respecter tous les ouvrages publics et particuliers existant, soit au-dessus, soit au-dessous du sol, et de souffrir sans indemnité, ni dommages et intérêts quelconques, tous les changements qui pourront avoir lieu dans le niveau des voies publiques.

Il devra se soumettre pour le placement et la direction des tuyaux aux indications de l'administration.

Il sera responsable, soit envers l'administration, soit envers les tiers, de tous dommages quelconques occasionnés par la pose des tuyaux et par les pertes d'eau et les infiltrations.

Il sera tenu de garantir la ville de toutes actions qui seraient exercés contre elle à ce sujet par qui que ce soit.

A la réquisition de l'administration et pour des travaux d'intérêt municipal, ou de tout autre intérêt public, le concessionnaire devra déplacer ou rétablir ses conduites, mais aux frais de l'administration.

ART. 23.

Pendant toute la durée de la concession, le concessionnaire sera obligé de faire à ses frais, tant aux immeubles qu'aux objets mobiliers dépendant de l'entreprise, les grosses et menues réparations de toute nature, soit que la loi mette ces réparations à la charge des usufruitiers ou locataires, soit qu'elle les laisse à la charge des propriétaires. Le concessionnaire sera également obligé de faire à ses frais toutes constructions nouvelles ou reconstructions qui deviendraient nécessaires, et de pourvoir au remplacement des machines et tuyaux qui seraient hors de service.

Avant l'expiration de la concession, il sera fait contradictoirement des reconnaissances de toutes les parties de l'entreprise, pour juger de leur état d'entretien et des réparations de toute nature.

Elles seront faites par cinq experts nommés, deux par la ville, deux par le concessionnaire, et le cinquième par les quatre premiers. En cas de refus ou de retard de l'une des parties pour la désignation des quatre premiers, ou de dissentiment sur le choix du cinquième, il sera pourvu par le conseil de préfecture aux nominations restant à faire.

Ces reconnaissances auront lieu, savoir :

La première, dix ans avant l'expiration de la concession ;

La seconde, cinq ans avant;

La troisième, deux ans avant;

Et enfin, la quatrième, un an avant cette expiration.

Les travaux que les experts jugeront nécessaires seront exécutés par le concessionnaire et à ses frais.

Tous les revenus de l'entreprise, pendant les dix dernières années, sont spécialement affectés à l'exécution de ces travaux jusqu'à due concurrence.

ART. 24.

Afin que la ville puisse être investie librement, quand il y aura lieu, de l'exploitation de l'entreprise avec toutes ses dépendances, le concessionnaire ne pourra aliéner aucune partie du service des eaux.

Il aura toutefois la faculté de faire des baux d'abonnements à longs termes, mais à la condition expresse,

1° Que leur durée n'excédera pas le terme de sa concession ;

2° Que le prix de ces baux sera constitué en revenu annuel, dont il ne pourra jamais être payé d'avance qu'un seul semestre;

3° Que ces traités seront résiliés de plein droit, si bon semble à la ville, trois ans après qu'elle aura pris possession de l'entreprise pour quelque cause et à quelque époque que ce soit;

4° Et enfin qu'ils seront également résiliés au moment où la ville viendrait à cesser le service après en avoir pris possession.

Les dispositions du présent article seront textuellement mentionnées dans tous les baux d'abonnement.

ART. 25.

A l'expiration de la concession, la ville réunira à sa propriété la jouissance et l'exploitation de tout le système de distribution des eaux de l'entreprise. En conséquence, les bâtiments, aqueducs, machines, pompes à feu ou autres, réservoirs, tuyaux, conduites, et généralement tous les ouvrages qui s'y rattacheront comme faisant partie intégrante du service, seront remis par le concessionnaire à la ville de Paris, en bon état de réparations de toute nature, pour en disposer, ainsi que des emplacements et terrains en toute propriété, comme elle le jugera convenable.

Lors de la remise des établissements, les approvisionnements en matériaux et en combustibles, que le concessionnaire aura faits pour son service, lui seront payés par la ville, au prix à fixer à l'amiable, ou par une expertise contradictoire, pourvu toutefois qu'ils soient reconnus être propres au service, et que leur importance n'excède pas les besoins de trois années.

ART. 26.

Si, dans la période de sept ans, le concessionnaire n'a pas achevé l'entreprise d'après les plans proposés par lui et approuvés par l'administration, ou s'il a abandonné les travaux, ou enfin si, après l'exécution des travaux, il ne les entretenait pas en bon état de service, ou si le service était interrompu par son fait : dans tous et chacun de ces cas, il sera mis en demeure ; et si, après l'expiration de trois mois, il n'a pas satisfait aux réquisitions de cette mise en demeure, il sera déchu de ses droits de concessionnaire. Sa déchéance sera prononcée par le conseil de préfecture, sauf recours au conseil d'état.

Aussitôt que la déchéance aura été prononcée par le conseil de préfecture, et nonobstant tout pourvoi, la ville entrera dans la possession provisoire de l'entreprise et de ses dépendances. En conséquence, les propriétés, les fonds ou valeurs composant le cautionnement resteront à la disposition de la ville; les ouvrages faits, ceux qui seraient en exécution, les matériaux préparés, mis à pied d'œuvre, tous les approvisionnements existant dans les chantiers et magasins, les ateliers, équipages, instruments, ustensiles et généralement toutes les valeurs mobilières et immobilières dépendant de l'entreprise, seront, par le seul fait de la déchéance, remis à la ville pour en disposer de la manière suivante :

La gestion provisoire sera faite par la ville en régie aux frais, risques et périls du concessionnaire.

Dans les trois mois après cette prise de possession, la ville fera procéder dans les formes administratives, avec publicité et concurrence, à l'adjudication de l'entreprise pour le temps qui restera à courir sur la durée de la concession.

Les clauses et conditions de cette adjudication auront pour objet de mettre l'adjudicataire au lieu et place du concessionnaire, en le substituant aux avantages et aux charges qui résultent du présent traité.

Tout individu devra, pour être admis comme enchérisseur, déposer préalablement un cautionnement de 2 millions de francs, semblable à celui stipulé en l'article 20 pour servir de garantie aux obligations que lui imposera le cahier des charges.

La mise à prix sera déterminée de concert par l'administration et par le concessionnaire déchu; sinon, et en cas de difficulté, la fixation en sera faite par deux experts, l'un nommé par la ville, l'autre par le concessionnaire, qui pourront s'en adjoindre un troisième; en cas de refus ou de retard de l'une des parties, lesdits experts seront nommés par le conseil de préfecture.

Le capital déterminé par l'adjudication appartiendra au concessionnaire déchu, sauf prélèvement des frais et indemnités qui pourraient être dus à la ville.

S'il ne se présentait pas de soumissionnaire, il sera procédé dans un nouveau délai de six mois, et dans la même forme, à une nouvelle mise en adjudication publique, aux mêmes conditions, avec la diminution d'un quart sur la première mise à prix.

Enfin, si après cette seconde épreuve il ne se présentait pas encore de soumissionnaire, il sera procédé dans la même forme, mais d'après un nouveau délai de un an au moins, à une troisième adjudication sur une mise à prix fixée à moitié de la première.

Si cette dernière tentative demeurait infructueuse, la possession de la ville deviendrait définitive. En conséquence, elle serait propriétaire incommutable et sans indemnité, charges ni dettes quelconques envers qui que ce soit, tant du cautionnement restant que de tous les objets dépendant de l'entreprise, sans aucune exception.

Les dispositions du présent article ne sont pas applicables au cas d'empêchement résultant d'une force majeure ou d'un cas fortuit dûment constatés.

ART. 27.

Si le service régulier des établissements publics ou des concessions particulières venait à manquer sur un ou plusieurs points, par défaut d'alimentation des conduites, pour quelque cause que ce soit, et si, aussitôt après la notification du procès-verbal qui aurait constaté l'interruption de la fourniture des eaux, cette interruption ne cessait pas, l'administration municipale pourra s'emparer du service, prendre provisoirement la direction de tous les établissements, et disposer de tout le matériel nécessaire pour opérer d'urgence la remise en activité immédiate et complète dudit service, le tout aux frais, risques et périls du concessionnaire.

L'administration municipale usera de cette faculté après une simple mise en demeure, et sans autre formalité judiciaire, soit dans les vingt-quatre heures, soit même dans un plus court délai, si elle le juge convenable.

Les dispositions du présent article ne sont pas applicables aux cas d'empêchements résultant d'une force majeure dûment constatée.

Les dommages et intérêts qui pourraient être dus aux abonnés pour cause d'interruption du service ne pourront être réclamés que contre le concessionnaire, la ville entendant en tous cas demeurer étrangère aux rapports du concessionnaire avec ses abonnés.

ART. 28.

Lorsque la compagnie anonyme se constituera, son capital social sera représenté par des actions, soit nominales, soit au porteur, divisées en deux séries égales en sommes.

Toute émission d'actions restera subordonnée aux conditions suivantes :

Les actions formant la première moitié du capital ne pourront être émises en France qu'alors que la compagnie aura établi tout le système de prise, d'élévation et de filtration d'eau, et amené par ce système l'eau de la Seine sur la place de l'Estrapade.

Celles qui composeraient la deuxième série ne pourront être émises en France qu'à l'époque où la compagnie aura, en développant le système, porté la même eau dans les quarante-huit quartiers de Paris, conformément aux articles 11 et 14 ci-dessus.

ART. 29.

En vertu de l'article 63 de la loi du 7 juillet 1833, le concessionnaire pourra exercer tous les droits conférés à l'administration à l'effet d'exproprier pour cause d'utilité publique les propriétés nécessaires à l'exécution des plans qui auront été définitivement arrêtés.

Le concessionnaire remplira les formalités voulues et fera les expropriations à ses frais, risques et périls.

ART. 30.

Toutes les contestations qui pourront s'élever entre la ville de Paris et le concessionnaire à l'occasion du présent traité seront portées devant le conseil de préfecture, sauf recours au conseil d'état.

ART. 31.

L'administration n'entend, en aucun cas, se rendre garant des contraventions qui pourraient être commises par des tiers aux dispositions et prohibitions exprimées dans le présent traité.

Elle n'entend pas davantage être responsable des dommages que la compagnie pourrait éprouver par le fait des tiers.

En conséquence, le concessionnaire poursuivra les contrevenants et les auteurs de ces dommages devant qui de droit à ses risques et périls, et sans aucun recours contre la ville.

ART. 32.

Les frais de timbre, enregistrement et de toute nature, auxquels le présent traité et les annexes pourront donner lieu, seront supportés par le concessionnaire.

ART. 33.

Les conditions du présent traité sont arrêtées, *ne varientur*, entre les parties contractantes. Ainsi il ne pourra y être apporté aucune modification sans le consentement préalable desdites parties, et, en conséquence, sans que le conseil municipal de la ville de Paris ait été appelé à délibérer sur ces modifications.

IMPRIMERIE ROYALE. — Avril 1830.

www.ingramcontent.com/pod-product-compliance
Lightning Source LLC
Chambersburg PA
CBHW060625050426
42451CB00012B/2434